持守

核心價值

── 發現你自己 ──

我要的到底是什麼？

我希望成為什麼樣的人？

我為什麼會喜歡這樣做？

于法治 ◎ 著

謹將此書

獻給

生我　養我　教我　育我
更　始終愛我的

父親大人　于化民先生
母親大人　張志貞女士

～～ 出版緣起 ～～

> 文章不在乎長短，在乎它的「精彩」；
> 生命不在乎長短，在乎它的「價值」。
> 精彩的文章，令人捧讀再三，愛不釋手；
> 價值的人生，讓你我留下丹青，不虛此生。
> 然而，不論精彩也好，價值也罷，
> 總得先有追尋的過程，接著付出努力的代價，
> 方能亮出精彩，活出價值。

　　最近幾年，當涉足企業教育培訓愈深，面對五花八門的管理理論愈多，就愈來愈有「世上究竟有無恆久不變的價值」之困惑。

　　企業管理名著《基業長青》以及《從A到A+》的作者柯林斯與他的經營團隊針對上述難題，經過多年研究所得到的答案是：偉大的企業往往屬於那些能夠固守核心價值的卓越企業。

　　如果我們試著把焦點從企業縮小為個人，也似乎可以得到這樣的結論：真正有意義的人生往往屬於那些能夠持守核心價值的男男女女！

　　就像史丹福大學企管教授柏格曼（Robert Bargeman）所說的一樣：「不管經營的是事業或人生，最大的遺憾不在於可能會失敗，而在於你一旦成功之後，卻依

然不清楚自己為什麼成功。」

　　畢竟，人生極為珍貴，總不能始終用買樂透的心情來經營人生。

　　這本小冊子的出版，只是希望能夠針對「持守核心價值」這個重大命題做出個人一點點的小小註解。

2005年8月30日

～～ 自序 ～～

發現自己、持守真價值

最近幾天，兩位好朋友不約而同地透過E-mail傳送了兩個有趣的問題要我回答。

其中之一，是要我從牛、馬、羊、豬以及老虎五種動物中，就個人喜好層度由高而低的作出排列。

另外一位，則是希望我從黃、橙、紅、白以及綠五種顏色中，逐一地把每種顏色跟自己的人生旅程中關係密切的不同個人做連結。

其實，類似的遊戲還有很多，他們的寓意無非是希望透過一些趣味問答來給自己帶來某些自我認知的啟發與觀照。

事實上，「自我發現」正是每個人一生當中最最關鍵的嚴肅功課。偏偏，絕大多數的芸芸眾生卻總是把這個重要課題給拋到九霄雲外，誠為可悲！這就難怪，偉大的哲學家蘇格拉底於西元前三九九年離開人世前，苦口婆心送給世人的最後一句話，就正是「發現你自己」這幾個字。

一九九五年夏，我在台北市為一家行銷公司培訓「時間管理」的課程。課程的安排是在兩個晚上，當

第一天的課程結束之後，該公司的總經理指著第二天的講義告訴我說，是否可以把第二天大綱中的價值觀部分予以刪除，而直接進入如何節省時間以及如何做會更有效率的技巧層面。

我了解這是一般大眾最自然的內心想法，於是我耐心地向他解釋：「人是理性的動物，跟關在台北木柵動物園裡的動物最大不同就在於人會思考，人會問為什麼。所以，時間管理的真正精髓就正是在經過探討個人價值觀之後，我們的時間管理技巧才能真正的落實並可大可久。」只是，沒想到經我苦口婆心的解說之後，總經理依然是堅持己見，要我照辦。因此，我只能不假思索地告訴他說：「那麼，我實在無能為力替所有學員做最完整的培訓服務，所以麻煩另請高明。」於是，我昂然的步出了教室。

如今，當年的事件早已事過境遷，只是，每當我偶而想起那段插曲時，我依然會為自己當時的決定感到滿意。尤其是，近幾年來閱讀到不少書籍以及看到不少成長培訓課程都開始慢慢接受「價值觀」的影響及其重要性時，就更會為自己當年的堅持和抉擇感到驕傲。

最近這幾年，在培訓課程進行當中，我經常會把「成長就是不習慣」這句自己體會發明的句子送給學員，以鼓勵大家多多學習「彈性調整」的功課；因

為，唯有不自我設限，方能不斷精進並「擴張自己的境界」。

然而，就誠如「Never Change Your Direction, Change Your Method」所說的一樣，「價值觀」就正是我們人生當中的最高戰略與北極星斗，必須有所堅持及戮力以赴，方能得享人生的真諦、豐富與美好。

本書中的所有篇章，雖然完成的時間不一，前後長達二十多年，但皆或多或少的展現出自己曾經努力追尋，相當珍惜且試著持之以恆的某些價值觀。我誠懇地希望讀者能從中有所體會，如果能進而產生共鳴並也開始嘗試「發現自我」的漫漫旅程，那將是我最大的盼望、喜樂與滿足。

目 次

第一章

我的靈魂
─尋根大會（中華心、台灣情）

　　畢爾是我中文班的一位學生，從一開學，他那胖嘟嘟的外型，尤其那超人一等的肚子，就格外引起了我的注意。和班上其他用功的同學相比，畢爾的成績只能算是中等，倒不是他不用功，而實在是他在奧克拉荷馬州政府交通委員會的工作，使得他得經常風塵僕僕的奔波於整個州的東西南北，再加上它最近積極的展開各項佈署，準備參加明年的副州長選舉，也就使他更難得有機會練習他的中文了。即使如此，畢爾還是經常要我幫他把課文錄成錄音帶，他好在每天出差，馳騁於一望無際的高速公路上時，可以一面開車，一面學習中文，對我這個完全由「一心不能二用」中國傳統調教出來的青年而言，實在難以想像，這會是一個學習的良方。可是畢爾每次都會打趣的告訴我：「美國人的心可以一心二用」，我也就有求必應儘量替他錄音了。

　　上禮拜的一天晚上，畢爾突然打電話給我，問我下禮拜天有沒有空，因為五月二十四日，在奧克拉荷

馬州第四大城的伊尼市（ENID），將有一個他們家族的聚會，他很希望屆時我和小琰能與他們夫婦一起去，好介紹我們認識他們的家人。我聽了電話，一則因為三年前，初抵美國，正逢大雪紛飛，交通中斷之際，曾在該地受過一對美國夫婦的熱心款待和協助，因此對該地的印象特別友好，再加上自小琰於半年前來美後，還沒能有機會帶她到處走走看看，因此當時就答應了畢爾的邀請。

五月二十四日，由於正值奧克拉荷馬全州青商會代表選舉正副青商會長的日子，畢爾深知這是一個從事競選佈署的難得機會，因此一大早，他就先行前往會場所在的拉瑪達大旅館做公共關係去了。他要我、小琰和他太太在十點半左右趕往會場與他會合。我因此在早上十點鐘，開車載著小琰來到了畢爾家的門口，和畢爾太太道過早安，就一起直接北上，於十點半準時到達了離州政府大廈不遠的旅館。進了會場，我老遠就看到到處穿梭的畢爾，他一瞧見我們，不消多久，也就閃到了我門面前，帶我們各自找了一個位置坐下。當我告訴他，八年以前，當國際青商會在臺灣舉行國際大會的時候，我曾經與其他同學一齊代表學校在場擔任各國代表的接待和翻譯的時候，畢爾立刻把我從座位拉起，興奮的帶著我一一介紹給他的朋友，說我在臺灣也參加過青商會的活動，使得他的朋

友們很感高興，畢爾也因此感到特別驕傲似的。

　　時過中午，正副會長的選舉正激烈進行，雖然對這熱鬧無比的美式民主大會極感興趣，無奈由於得繼續趕往伊尼市，我和小琰，只得跟著畢爾夫婦一起，坐進了他剛買一個禮拜不到、豪華無比的凱迪拉克名牌轎車。

　　一路上，畢爾跟平時一樣，仍是喋喋不休的談這說那。後座的兩位女士昏昏入睡之後，我也就樂得陪他東扯西扯起來。他一下告訴我，奧克拉荷馬最近在跟科羅拉多爭取全美牛仔館，在本州興建，大獲全勝的經過；一下子又告訴我，在奧克拉荷馬的高速公路，那邊巡邏警察特別多，那邊又幾乎根本沒有交通警察經過，只是畢爾對公路交警巡邏的路線雖然瞭如指掌，但一路上，我注意到，他始終沒有把自動控制器放在每小時六十哩的限速之上，使我對他不利用職權知法犯法的精神大感欽佩。

　　經過將近兩個小時的旅程，我們終於來到了這個與我有過一面之緣的伊尼市。等車平穩的滑進一所大教堂停車坪的時候，我這才發現，不是一個家族的聚會嗎？卻怎麼會有這麼多的車子呢？等我們進入大廳，我更是非同小可的大吃一驚，因為我粗略一算，總人數竟在三百上下！這那是一個美國人的家庭聚會，簡直就像是在召開奧克拉荷馬州的黨代表大會！

畢爾這才告訴我，這個家族乃是在一百多年前，其先祖從德國移民美國開始起算的，當時的兄弟，經過這一百多年，如今竟然有了這整個大廳的成績，怎能不令人嘖嘖稱奇？抵美之後，常聽美國人說中國人最會生小孩，於是我笑著告訴畢爾，他們德裔美人一樣不弱啊！

在吃過由各家庭自行製作的各式餐點之後，一項盛大的慶祝會就此展開。首先由一位中等身材、英姿煥發的男士講述其先祖們的各項軼事，這段歷史經他娓娓道來，配以其清晰的發音和適時的幽默，使我這千里迢迢前來美國研究美國歷史的學生大感過癮。

接著，他們又按照「長幼有序」的傳統，一個家庭接著一個家庭作介紹，每當介紹到一個家庭的時候，全場總是抱以最熱烈的掌聲，以表示他們一種血濃於水的感情。從家庭的介紹中，我也意外的知道了幾件趣事：參加本次大會最老的一位長者，是現年八十六高齡畢爾的老祖母；最年幼的才幾個月大，已是他們家族的第七代了！而經過另一場「當仁不讓」的互相比較，也推選出此次前來參加家鄉團聚大會最遠的代表，乃是一對遠從加州聖地牙哥市、開車一千五百哩(將近兩千五百公里)前來參加的老夫婦，全場立刻給了他們歷久不衰的掌聲。

整個大會上的最後一個節目，意外的竟是他們

本著「四海之內皆兄弟」為宗旨的賓客介紹。拗不過畢爾的一再堅持，畢爾終於站起來，用他那特大的嗓門介紹我是他的中文老師，一位從臺灣前來美國留學的學生。全體會眾給了我和小琰一場極為熱烈的歡迎掌聲。畢爾接著打趣的說道，他要賜給我們夫婦為他們家族榮譽成員的封號！我指了指他那壯碩無比的肚子，笑著對他說，我有十足的理由加入這個可愛的大家族，因為我也有一個最喜歡灌德國啤酒的肚子，畢爾縱聲大笑，似乎十分激賞我的這個笑話。

　　接下來，就是他們整個大家庭自由交談的時間了，我於是在自己左邊，聽到一位舅舅模樣的男士指著一位荳蔻年華的少女告訴她說、上次見到她時她才一歲半！又在大廳的另一頭，看見一位小男孩坐在一位老阿公的膝上，想必正聚精會神的傾聽當初先祖是如何慘澹經營的經過。我更看見許多父母亦正面向貼滿整個牆壁的族譜、親向他們的子女講述源遠流長的「根」！這是一幅多美麗的畫啊。而畢爾也在這個時候，領著我和小琰，一一介紹給他的親友，尤其當我們來到畢爾八六高齡老祖母面前的時候，這位可敬的大家長，用她那仍渾然有力的雙手摟著我們，一再要我們多吃些茶點、也希望我們能玩的高興。當我告訴老人家，我們真高興能來參加這個盛會，也告訴她畢爾是一個很用功的學生的時候，她那佈滿縐紋的臉龐

露出了燦爛的笑容。這時,我也突然注意到,畢爾夫婦正一左一右的敬謹異常的攙扶著他們的老祖母!目睹此一情景,我突然感動得想哭,因為這不就是在我們中國幾千年來綿延不絕的孝道嗎!

當暮靄逐漸籠罩大地的時候,我們一行四人又上了三十五號高速公路向南急駛。畢爾仍在不停的述說著奧克拉荷馬另外的故事,而在我的腦海深處卻又開始浮起那個老掉牙的問題:「東方是東方,西方是西方;東西雙方難道真的永遠不能殊途同歸嗎?」因著畢爾夫婦的邀請,在參加過這一個難得的美式「尋根大會」之後,我似乎相信自己已經看見了未來「世界大同」的一線曙光!

一九八一年五月二十五 清晨
寫於美南奧克拉荷馬州‧諾曼市
(刊載於一九八一年六月二十八日台北中央日報)

第二章

我的英雄
──美國幽默大師威爾‧羅吉士

當我們研讀中美兩大民族歷史的時候，可能會發現一件非常奇妙的巧合，那就是一八六〇年代同時在兩國歷史上扮演著相當重要且具分水嶺角色的地位。

在中國，提起一八六〇年，我們不可能忘記當年「鴉片戰爭」的繼續延長，以及塗炭生靈的「太平天國」之亂。是因為這些戰爭才使得滿清政府的國際地位江河日下，猶如賣身契的不平等條約也接踵而至，終於造成日後百餘年來的動盪與巨變。所以大多數的史家們皆把一八六〇年代定為中國通史與中國近代史的分界點。

從「南北之戰」說起

無獨有偶的，一八六〇年代在美國也同樣爆發一場轟轟烈烈的戰爭，那就是林肯總統任內的「南北之戰」。唯一不同之處，這個戰爭雖然也曾對美國造成巨創，但總結而言應該是一場最具建設性的破壞，使得美國在戰後達到空前團結的高峰，為日後平步青雲

的縱橫國際舞台打下了堅實的基礎。

因此，美國各大學的歷史學系也都把一八六〇年代當作歷史教學兩大單元的一個分水嶺。

從「五月花號」登入美洲大陸到「南北戰爭」的第一單元，主要敘述清教徒的篳路藍縷以及開國元勳們的憚精竭慮；而從一八六〇年代開始迄今的第二單元主要就是在描寫西進政策的蓬車精神，以及美國開始進駐太平洋的擴張主義。

開國史上代表人物

在美國歷史教學的這兩大階段中，如果要我們分別列舉出某些代表性人物的話，我想華盛頓、漢米爾敦、傑弗遜以及富蘭克林這些人應該都是第一單元的佼佼者。至於第二單元，由於強調的是冒險犯難與積極進取，所以我們自然要從這兩大前提裡去尋找。筆者認為，如果真要對美國民眾進行一項廣泛的民意測驗，則在這第二階段絕對有三個人會名列金榜，那就是老羅斯福總統、林白以及威爾‧羅吉士。其中，狄奧多‧羅斯福是以其「巨棒」政策名列青史，而林白則是在一九二七年單槍匹馬駕駛「聖路易精神號」橫跨大西洋一炮而紅。

羅吉士的幽默風格

那麼，究竟誰又是威爾‧羅吉士（Will Rogers）呢？相信我們台灣讀者對於他的認識絕不像我們對羅斯福跟林白一樣耳熟能詳，但對老美而言，他們對威爾‧羅吉士的喜愛程度不但不在前述兩位名人之下，有時反而更可能大大超前。主要的原因就是老羅斯福太過迷信「巨棒」的權力、不少老美也就把他歸諸於太過好大喜功的政客之流；而談到林白，他在一九二七年的英雄行徑雖然極具戲劇性，但自那之後，卻逐漸銷聲匿跡未能繼續風靡美國，所以對他而言，曇花一現應屬相當公允的評價。

但是，威爾‧羅吉士卻跟上述兩位大不相同。雖然出身草莽，終其一生未曾正式涉足任何宦場，但卻能從本世紀初的一九一〇年代開始逐漸以牛仔、雜耍方式發跡，而後更在一九二〇年代用演說、寫作、廣播、電影…諸般方式表達出其獨樹一幟的幽默風格，終於風靡了全美民眾。後來，他更風塵僕僕的遍訪世界各國，是美國有史以來最偉大的國民外交家。

出生於貧苦家庭

一九二九年，當美國正遭逢最嚴重的經濟大恐慌，他立刻親訪各地義演賑災，也成為有口皆碑的慈

善家。一直到一九三五年他的意外死亡，「威爾‧羅吉士」簡直就成了歡笑與溫暖的代名詞。即使到了今天，座落於奧克拉荷馬州Claremore 城，距其出生地不遠的「威爾‧羅吉士紀念博物館」仍是美國人民心目中最希望前往觀賞的著名博物館之一。可是，對於這一位身受美國民眾愛戴且歷久彌新的文化代表人物，我們的文化界顯然尚未作出充分介紹，這是筆者提筆為文的主要原因。

　　一八七九年的十一月四日，威爾‧羅吉士出生於現今奧克拉荷馬東北角的一個叫好樓高（Oologah）的小鎮。由於當初這個地方屬於印地安保留區，所以一切情況皆因陋就簡，甚為淒涼。小威爾的父親克雷由於眼光獨到，從牛馬羊的買賣中而賺了不少錢。但是威爾上面的七個兄姊中仍有四個是因為營養不良而告夭折，足見當時情況之惡劣。

自幼喜愛騎馬遊戲

　　小威爾慢慢長大，繼承了父母血液中的印地安傳統（父親母親均屬印地安與白人之混血），所以從小就迷上了騎馬和玩繩索的遊戲。當時，有幾個正宗牛仔在他父親的農場裡討生活，小威爾自然一天到晚跟在人家後頭跑東跑西，練就了一身牛仔好功夫。

　　一八八七年當威爾八歲的時候，父母親認為他已

經到了應該上學的年紀，所以就替他在當地的一間小學（只是一座小木屋）註了冊。

威爾後來在述說這一段啟蒙教育時，曾半開玩笑的說道：「學校裡邊清一色都是印地安小孩，只有我一個人是紅白混血，所以大家始終懷疑我對Cherokee族人是否忠心耿耿。」

不過顯然的，他並不十分喜歡上學。有趣的是，後來在他一連上過的好幾所小學、中學，甚至最後一個遠在密蘇里的Kemper軍校，都不能對他產生任何吸引力。似乎從小就顯示，威爾對教室外邊的花花世界要比對教室裡邊有興趣的多。

摯愛演藝肇因喪母

一八九〇年一件最悲慟的事件襲擊了羅吉士家庭，威爾的母親瑪莉不幸去世。此一打擊在威爾心底烙下一個永難忘懷的創傷。後來有不少研究威爾‧羅吉士的學者認為，終其一生他對演藝生涯的無限摯愛實乃肇因於當初母親邊世的補償作用。

在Kemper軍校停留的兩年期間，父親對兒子變成更有紀律的期望仍然落了空。威爾最大的興趣仍是在同學之間彼此嬉戲和互相開玩笑。

一天，他終於瞞著學校和父親逃學出走，獨自跑到南方德克薩斯的一個農場做苦工去了。

　　一八九九年，美國跟西班牙的戰爭在美洲大陸正式展開，威爾立刻自願報名參加老羅斯福所率領的遠征軍，可惜最後因年齡不足被打了回票。

　　在德州農場混了好一陣子，一股思鄉之情油然而生。等千里迢迢回到了家園，老父見到他的第一句話竟是：「兒子啊！快進去洗把臉，換上一件乾淨一點的衣服吧。」

結識貝蒂書信傳情

　　同年（一八九九）秋涼時節，一位剛剛患過傷寒重症名叫貝蒂・布雷克的小姐從鄰近阿肯色州來到好樓高小鎮探望姊姊和姊夫。她的父母認為到鄉下換個環境或許能讓她復原的快些。可是貝蒂一到，在小火車站工作的姊姊和姊夫就向她提出警告：「整個小鎮上，年輕人只有開小旅店老闆的幾位千金，惟一的男孩也只是住在郊外農場上的那位威爾・羅吉士罷了！」

　　透過旅店千金們的介紹，威爾很快就認識了貝蒂。可是在聖誕節即將到來的前夕，貝蒂就帶著完全康復的玉體返回老家了。一九〇〇新年才過沒多久，貝蒂接到了威爾捎來的第一封情書，信中有幾句文謅謅、卻頗具深情的話語——「但願妳能可憐這個小牧童，任何妳的片紙隻字都會使他在這個光禿禿的荒原

上雀躍良久。」

　　隨著貝蒂的離去，威爾故態復萌的感到鄉下的單調和乏味。這回，他的野心已經不僅是德克薩斯而是遠在南美洲的阿根廷了，因為他聽說那邊遍地牛羊，是牛仔的天堂。難得徵得老父的同意，外加一筆旅費，威爾和一位叫狄克的牛仔就此上路。

參加馬戲團的表演

　　他們先下紐奧爾良，再北上紐約；從紐約直駛英國後，接著就換上另一艘輪船於一九○二年五月安抵阿根廷首都布宜諾斯‧艾瑞斯城。

　　由於一路上大搖大擺的搭乘頭等艙，所以在抵達最後目的地時，他們的口袋已經所剩無幾。偏偏這時，狄克竟患起思鄉病來，威爾無奈，只得把最後餘款統統給了好友，讓他能打道回府。

　　在阿根廷換了幾個工作，湊夠了錢，威爾竟又坐上了輪船前往南非去也。在開普頓港，他意外地碰上了在當地公演的「德州佬西部特技雜耍團」。憑著幾下絕妙身手，威爾立刻被聘為一員表演繩索特技的高手，老闆也給他取個藝名叫「印地安小子」，居然在南非造成不小的轟動。

　　隨後，威爾跟著另一班馬戲團前往太平洋上的澳大利亞跟紐西蘭繼續表演。也就是在這個時候，他想

到已經漂泊了兩整年，遊蕩了五萬英里，這段經歷雖然更加確定了自己日後獻身演藝界的雄心和壯志，但威爾還是免不了的經常懷念起家鄉的父親。

演藝生涯展露頭角

跟老父重相聚首當然欣喜萬分，而隨之而來的，跟墨哈爾特技團簽約前往聖路易世界博覽會表演同樣令他有大開眼界的興奮。

後來，漸漸展露頭角的威爾又接二連三前往芝加哥、紐約，甚至倫敦、柏林、加拿大…等地公演，因此聲名更為響亮。從這段期間開始，他不但表演特技，也在表演當中不斷說出一些像——「耍繩索沒甚麼了不起，只要不把自己的頭給套進去就是了！」之類的笑話，給觀眾帶來一波接一波的捧腹大笑。

一九〇八年十一月二十五號，經過整整八年的愛情長跑，威爾終於跟貝蒂結為夫婦。後來回憶起這一段漫長的追求過程，威爾有感而發：「當我真正把貝蒂套住的那剎那，才是我這一生當中最精采的特技表演！」

結婚之後，有了嬌妻在旁陪伴，自然使威爾的演藝生涯更加輝煌。尤其是一九一五年，他受邀加入紐約娛樂界大亨齊格飛著名的「午夜狂歡劇場」。口頭答應之後，齊格飛請威爾第二天一早前往他豪華的辦

公室進行簽約儀式，威爾立刻表示：「不用甚麼正式的合約了，你可以信任我，我想我也可以信賴你。」

主演默片一炮而紅

由於演出大受歡迎，接下來齊格飛更出高價請他參加另一個「Follies 大喜劇場」的演出，此一針對當代時事及名人仕女為主題的脫口秀正合威爾胃口，使他的盛名更加沖天。

一九一八年，著名製片家山姆‧高德溫先生久聞威爾大名，突然力邀他主演默片「Laughing Bill Hyde」。雖然從未受過正規的演員訓練，但首度出任男主角的威爾仍然一炮而紅。高德溫因而願意出比齊格飛高出兩三倍的價碼與威爾簽訂合同，威爾也就告別紐約前往好萊塢。後來他在加州拍了無數電影，當時影片製作人協會主席維爾‧海斯曾公開宣佈何以他屬下的臨檢協會從來不檢查威爾‧羅吉士所主演的片子：「威爾從來不拍任何父母不願自己子女觀看的影片！」

而幾乎也就在同一時期，除了片約不斷之外，出版商也開始跟威爾聯絡，希望能把他在劇場中的許多幽默旁白編輯成冊。於是在一九一九年中分別有「牛仔哲學家看國際聯盟」與「牛仔哲學家看禁酒」的出版，威爾自然又多了一項「作家」的頭銜。

撰寫專欄巡迴演講

一九二二年威爾進入了另一個高峰，那就是他在十二月二十四日開始為「紐約時報」撰寫專欄，其他各報聞風響應，一個星期不到，紐約大都會區的九十家大小報開始同步刊登他的專欄。

在他的短文中，他忽而嘲弄美國政要，忽而談論戰後世界，無論政治、經濟、社會…任何值得報導的事項，在他的生花妙筆之下，都成了既詼諧又具哲理的雋永小品。尤其令人肅然起敬的則是他在所有文章之中，從來沒有惡意的攻擊過任何人，更遑論嘩眾取寵甚至涉嫌毀謗這些怪招的出現。

除了一邊寫作，一邊演電影之外，威爾於一九二五年開始了另一項嶄新的事業——公開演講。

「我想出去看看美國人究竟如何生活。」他寫道：「我的意思是那些並不住在紐約…這些大都市裡的美國人。他們住在鄉間，她們住在小鎮，且都以當地為榮，我希望知道他們究竟在想些什麼、作些甚麼…。」

從一九二五年九月一直到第二年四月，他總共做了一百五十一場的巡迴演講，足跡踏遍東部、南部、中部及太平洋沿岸諸地。

當他面對群眾的時候，他正經的說：「我從來不

開玩笑,我頂多只是把政府所作所為一五一十、老老實實的重復說一遍而已,對這些妙手天成的笑話還需加油添醋,那才真是天大的笑話!」

對美國的外交政策,他一針見血的指出:「美國從來沒有在戰場失敗過,可也從來沒有在談判桌上贏過!」

他也經常挪揄國會議員,最著名的一句是──「他們所制定的每一條法律都是一大笑話;而他們每天所開的玩笑後來也都成了法律。」

慷慨為善不欲人知

國內演講之旅結束後,他帶著長子比爾直駛英國。以倫敦作基地,他們踏遍了包括蘇聯在內的整個歐洲。他也將所見所聞,完整的寄交「星期六晚郵報」發表,後來這些專文被收集成書,標題是──「自封外交官上書總統集」。

一九二六年,當他正在歐洲穿梭之際,他開始了對紐約時報通訊社供稿的「每日電報專欄」。其他通訊供稿公司接著跟進,等到同年十月十日全美各地已有總共六百家的報紙刊登他的專欄。此一專欄一直繼續到一九三五年他去世為止,每周六篇,不論威爾身在何處從未間斷,成為全美有史以來最受歡迎的專欄。

舞台公演、電影、演講、寫作…自然給他帶來極大的財富，使他有辦法在比華利山莊購置巨宅，添購他從小就喜愛的各式名駒…。但終其一生，他總是一位既慷慨、最大方、為善不欲人知的大好人。

他曾說過：「對高高在上人士的錦上添花，我可以跟任何人添得一樣多；可是，對草莽民眾的雪中送炭卻往往更能深獲我心！」

義演賑災勸募巨款

一九二七年四月，美國最長的密西西比河氾濫成災，成千上萬的民眾被迫流離失所。威爾‧羅吉士此時立刻電告昔日的老東家齊格飛，告以如果他肯免費出借場地，威爾願意立刻前往紐約從事義演以救災。

當時，著名男高音約翰‧麥馬克和他共襄盛舉，籌得一萬八千美元。在他的報紙專欄中，威爾更是大聲疾呼請求全國讀者慷慨解囊。

事實上，這次成功的賑災活動只是他眾多行善之一。終其一生，一旦有所需要，他總是不落人後的率先響應、起帶頭作用。尤其是三〇年代初期，當美國經濟大恐慌進入最蕭條之際，胡佛總統和全國領袖竟束手無策，於是他自行租借到一架海軍飛機，前往德州、奧克拉荷馬、阿肯色受災最重的三州進行了整整二十天的慈善義演之旅，總共募得二十五萬美金，再

次悉數解繳紅十字會以賑災。

不但如此，大蕭條期間威爾更與廣播電台簽約，固定在各電台播出安慰兼具鼓舞的幽默笑話，此一廣播脫口秀終於成為大恐慌期間美國民眾心靈上的最大慰藉以及精神支柱的巨大泉源。

熱心推動飛行事業

進入三〇年代，亦正是威爾燦爛人生的最後樂章。在這最後數年中，最令威爾醉心的，便是他對飛行事業的憧憬以及大力推廣。事實上，早在一九一五年，當他在新澤西大西洋城第一次乘坐飛機時，便已有深獲我心之悸動。但是，仍然一直要到一九二七年五月二十一日當林白單獨駕駛「聖路易精神號」從紐約安抵巴黎之後，才使威爾對飛行的熱中達到最高潮。自那以後，林白也成了威爾最要好的朋友之一。

然而，在當時，絕大多數的美國民眾對飛機的安全性仍然大表懷疑，航空事業的前景自然也因此而顯得相當昏暗。但靠著林白的英雄地位加上幽默大師威爾在各媒體上的大力鼓吹，才終於使搖搖欲墜的航空事業起死回生，對日後的美國空軍及航空工業發展立下了永垂不朽的汗馬功勞。對於推展航空事業，威爾有一句名言就是──「如果你閣下覺得時間就是金錢，請搭飛機；否則的話，你要喜歡走路，悉聽尊

便！」

　　一九三一年秋冬之際，他搭機前往遠東，訪問了日本、韓國及中國。經過了短暫停留，他就能獨具慧眼的指出：「中國希望挽救國家、日本希望挽救投資，國聯則是希望挽回臉皮！」當年十二月二十五日，他抵達上海，十分寂寞且深念家人，這是他婚後第一次沒能跟貝蒂一起過聖誕節。

個性謙虛深重情感

　　一九三三年，經濟蕭條的景況絲毫未見好轉，在一般民眾難以填飽肚皮的情形下，演藝事業自然大受影響。威爾本人雖因享有盛名而未受波及，但他的昔日老闆齊格飛，此刻卻不但體力日衰且欠下大批債務，但這兩位好友仍是偶而相約在威爾的家中牧場上騎馬、聊天，緬懷當年的風光歲月。威爾仍是始終如一的尊稱昔日上司為「齊格飛先生」。同年，齊格飛去世時，他身無分文，威爾不僅在專欄上大為頌揚這位對演藝事業貢獻良多的先驅者，也靜悄悄地完全墊付了老友喪葬所花的一切費用。

　　威爾‧羅吉士就是這麼一位無比謙虛且深重情感的性情中人。儘管他功成名就，說錢有錢，說名有名，但他始終把自己的成功歸諸幸運，他也從不認為自己是眾人的偶像，只說自己是個「藝人」！每當有

人提議要他慎重考慮競選公職，甚至參加合眾國總統大選時，他總認為這是件既讓他有受辱感又令他十分尷尬的糗事。他的一句名言是──「幹總統這檔事沒啥意思。你沒看華盛頓跟林肯那麼偉大，我們美國人還是一直要等到百分之百確定他們壽終正寢時，才給他們塑造銅像！」

敬佩中國人的理想

　　一九三四年，他偕同貝蒂搭機又做了一次近乎二次蜜月的世界之旅。像以前所有的國內外旅行一樣，他仍是上至達官貴人，下至販夫走卒的到處結交朋友。他認為，如果沒有各國政客們的興波助瀾，這個世界絕對會更加美好。

　　也正因他對人類的誠摯熱愛以及走遍天下的達觀才使他對中國人所說「人性本善」與「民胞物與」的崇高理想敬佩有加。他曾說過：「我從來沒有遇見一位我不喜歡的人！（I never met a man I didn't like！）」誠屬偉大的宣言，也是他立身處世的註冊商標！而終其一生他都不喜歡打獵：「我就是不願意朝牠們開槍射擊，即使只是用魚鉤釣魚也讓我心驚膽寒。」

對白欠妥取消演出

　　一九三四年底，就像我們中國人所說，冥冥之中似有註定，一件奇妙的事情發生了。原先講好要替米高梅公司將名劇作家尤金‧奧尼爾的著名舞台劇「啊！大荒原！」拍成電影的威爾，卻突然宣佈歉難演出。這對一向講求一諾千金的威爾而言，的確極不尋常。原來是，在前一陣子當他主演該舞台劇時，有一位牧師曾帶著那十四歲的女兒前往觀賞，他認為這個演出一定就像威爾所有的電影一樣，十分適合年輕人觀看。誰知這一次，劇中有一段是威爾對「兒子」跟不三不四的女人勾搭所做的訓話，可能稍嫌露骨，使得這位牧師大失所望的帶女兒走出了劇院，後來還親自寫了一封信給威爾說：「從那以後，我連跟女兒面對面都不自然！」

　　這下威爾怔住了，因為他一直覺得這不過是一個老掉牙的家庭事件罷了。可是威爾最後還是認為，即使只有一個人受到傷害，他就再也不能坦然面對那些對白，所以他毅然決然的取消演出，連電影的合約也一併取消了。此一事件跟時下到處流行的所謂「牛肉秀」作風何啻天壤之別！

　　由於取消了電影演出，就使得次年夏天的時間給空了出來，加上那年春天，有太多的廣播、寫作、演

講等著他，使威爾在人生旅途中第一次有了倦怠的感覺，他曾在那段時間告訴一位好友：「我真想飛到一個好遠好遠沒有去過的地方！」

正巧，一位也是奧克拉荷馬同鄉的著名飛行家威力‧普世特（wiley Post）當時正在籌畫一次經由阿拉斯加前往西伯利亞的探險之旅，所以他就跟威力聯絡上了。

威力是一個膽大心細的奧州佬，年輕時在油井工作的一次意外使他變成獨眼龍，但憑著堅強毅力，仍然成為一位最優秀的飛行員和飛行教練。三○年代初期，他曾兩次打破環繞世界的飛行紀錄（第一次是雙飛，另一次是單飛），因此早已聲名遠播。

駕機失事震驚全美

一九三五年八月三日，威爾和威力開始了探險之旅，一路經西雅圖、加拿大向阿拉斯加北上。八月十五日當地時間下午三點一刻左右，在天氣極度惡劣的情況下，威力向幾位當地愛斯基摩人問明方向之後，就從一個小鹹水湖上再度起飛，準備前往附近一個叫Barrow的小鎮加油停留，不幸的是，在滑行途中未能作適度暖機，也可能因為當時油料稍嫌不足，因此甫起飛就發生引擎熄火的噩運，這架載有威爾和威力的小紅飛機突然頭重尾輕地栽進了湖中，兩位美國

人心目中的偉大英雄當場去世！

第二天，消息立刻傳遍全美。對此一不幸，許多人深信它對美國人民所造成的震驚唯有歷史上的林肯被刺可與比擬。紐約時報八月十七日極其罕見的以整整四頁的鉅大篇幅詳述此一不幸事件之經緯。

建館紀念永誌人心

威爾夫婦多年摯友約翰，麥馬克對這次不幸的感想是──「美國人民嘴角邊的那一抹微笑驟然不見了！」

一九三八年，當「威爾‧羅吉士紀念博物館」於奧克拉荷馬州克雷摩爾市正式開放的時候，當時的佛蘭克林‧羅斯福總統在一封寫給威爾老友瓦特‧哈里遜的信中曾黯然寫到：「我們懷著無盡的感謝和情感來紀念威爾‧羅吉士，因為在這個紛擾萬分的世界裡，威爾知道如何運用清新的幽默提升人們的心靈。他人生的使命就是帶給我們歡愉、幫助和安慰！他所獨具的幽默特質深具感染，直接滲入每一位美國人的胸膛。最重要的一點乃是每當我們在過度憂鬱和失望灰心之際，他總是適時、智慧地帶給我們應有的調和和希望。」

一直到今天，每年不分春夏秋冬，總有成千上萬的美國人從四面八方湧進「威爾‧羅吉士紀念博物

館」憑弔這一位美國有史以來最偉大的幽默家。

　「威爾」並沒有死，他仍舊鮮蹦活跳地活在每一位美國人民的心中。（寄自美國奧克拉荷馬城）＊

　　　（刊載於一九九〇年四月號暨五月號之「源流」月刊）

第三章

我的金錢觀

─錢能載舟、亦能覆舟

在愛情小說中，一位美女經常會有男朋友到底是愛我這個人還是只愛我美麗身段的困惑。同樣的，一個有錢人當別人對他示好的時候，也經常會在腦海裡打轉！她是真的喜歡跟我交朋友，還是看上了我銀行裏的存摺？！

古今中外許多哲學家都曾有過──「財富必須能使你獲得真正的快樂才有意義」的談話。因此，我們不得不面對一個有趣的問題──「金錢真的能讓我們得到快樂嗎？」很遺憾的，在自由企業最發達的美國，許多有錢人家子女的奇聞軼事中，似乎已經清楚的告訴我們一個否定的答案。

由於不少美國富翁的人生結局竟是沮喪和空虛，所以美國社會目前已經開始流行一個新興的字彙──Affluenza（疴富症），以說明那些僅僅侵襲富有人士的疑難雜症。一位繼承家財萬貫的年輕人就曾有感而發：「一生下來嘴巴就含有黃金鑽石，並不保證你比別人更容易面對真實的人生。」

哥倫比亞大學醫學院邁格・史東教授為了針對有錢子女所面對的諸般難題尋求解答，曾花費了無數血汗和時間在這方面從事研究。他最後的結論是，富家子女往往極度欠缺親情的擁抱，其嚴重程度有時和貧民窟的小孩亦不相上下，唯一不同之處只是有錢人家的子女，可以把他們的寂寞徬徨深藏在貂皮大衣裏邊。

祖父是鋁業大亨，擁有龐大遺產，現年三十七歲的泰瑞・韓特說道：「通常情況之下，富裕家庭子女的人際關係只是建立在一種跟僕役或女傭之間的噓寒問暖！」

他的父親在年輕時代就已經成為一個酒鬼，而他的母親在嫁過來時，對於驟然之間所需要面對的金錢名利追逐戰，也久久不能適應。

「我經常是無語問青天，因為就連我最親的父母，我也是一無所知。」泰瑞無奈至極。

今天，泰瑞是一位傑出的心理學家，正對許多患有酗酒症的青少年們，從事復健治療的神聖工作。

另外，許多有錢人家的子女由於從小生長於一個孤寂冷漠的家庭，因此長大後，也就始終處在一種欠缺自我肯定以及覺得社會不屬於他們的雙重壓力之中，而在面對人生的諸多問題時，也就因為缺乏應變能力，而顯得難以招架。

　　當然，造成富家子弟的問題重重，也絕不能只歸咎於富裕家庭本身，一般社會大眾其實也或多或少的應該負起部份責任。因為一位有錢的男女實在難以確定別人的眼光到底是落在他（她）的真正自我或是手上的荷包。再加上大眾傳播媒體不斷報導「人為財死，鳥為食亡」的類似新聞，所以他們得經常提防被一些諂媚小人所包圍之外，有時難免還要隱藏財富，或著乾脆將自己隔絕於整個社會之外。

　　紐約市的著名心裡醫師法蘭絲‧何瑞女士就曾表示，當他年輕之時，從來不告訴同學她的真正住址，也從不邀請好友到她豪華無比的深宅大院作客。

　　有錢人家子女的另一項隱憂便是人家經常戴有色眼鏡認為，因他（她）老子有錢，所以他才能上最好的學校，畢業之後，也用不著寄履歷表和參加面試，就有一份優渥的職位等著他。長此以往，自然對他們產生一種痛恨自己以及對本身究竟有無能力的雙重無奈和懷疑。

　　而且，在一般社交宴會中，人們也總是把「你在哪高就？」這句應酬話放在最前邊。就像美國大師愛默森早在一八六〇年就已經作出的感嘆一樣──「被介紹跟陌生人彼此認識的第一個心理準備，就是預備回答你到底是靠什麼維生！」

　　而對富家子女而言，他們真可以說應有盡有，偏

偏就是沒有一個靠自己辛苦掙來的工作，也就難怪他們會產生一股欠缺成就感的鬱悶之氣。

然而，站在人類根本無從選擇父母的限制之下，生為富家後代又到底該如何自處呢？一個最顯而易見的辦法就是捐贈部份財產給慈善機構以從事公益事業。為數不少的美國年輕富翁已經開始慢慢了解到，要什麼就有什麼的舒適環境到頭來很可能造就成一種意想不到的禍害，因為誘導人們奮鬥的滿足誘因已經對他們完全失去了意義。

即使如此，古今中外，有錢人家的子女仍然最好能儘早從現實人生歷練以體會一項殘酷事實——人生的成就與歡愉不能僅以家財萬貫換得。

從這一層面而言，我們亦可以說，億萬富翁的子女其實跟你我並無太大分別。他們的人生際遇，已經清楚告訴我們全人類的真正需要何在；也在如何教養子女一事上給我們指示了迷津。而從他們的血淚掙扎史中，我們更可以確信一點，那就是——人生的真正意義並不在追求財富！（節譯「當代心理」雜誌）

（刊載於一九八一年四月二十九日台北中央日報）

第四章

我的愛情觀
—男女有別

◎摩頓‧薛維茲醫師 / 作 ◎于法治 / 譯

（報載，由臺灣五位傑出婦女所組成的訪美代表團，在紐約、華府、舊金山、洛杉磯等地訪問了為數眾多的婦女運動團體後，已經平安的返回國內。從事婦運，如果能在為女性爭取社會權益、婦女勞工、失婚或拯救雛妓…等問題上多加注意的話，的確會是件令人十分激賞的表現。但是，萬一只在「反對」男性的標題上繞圈子、重蹈美國婦運的覆轍，那到頭來就必然會造成男女雙方都兩敗俱傷的嚴重後果。最近，一口氣讀完了一本名為「女強人併發症」的英文著作，尤其對其中「男女有別」的那一章特別留有深刻印象，於是抽空加以譯出，以就教於廣大的中副讀者。）

「男人」到底是甚麼？當女人不在身邊的時候，他們都想些甚麼？男人對女人、對自己、對工作、甚至對性的真正感覺到底都是如何呢？

在女人的一生當中，他們始終對男人感到好奇。對大多數女性而言，他們的父親應該是他們一生中第

一位、也是極為重要的一個男性角色,而許多父親似乎一輩子都在不停的辛勤工作,所以父親根本就不能像母親一樣有著「隨叫隨到」的方便。有時候,也就難怪父親的一言一行會常常給她們帶來困擾。

一般來說,女人並不十分了解男人,但這並不能完全怪她,因為男人總是不太願意給女人提供足夠的訊息。男人並不太喜歡談論自己,即使偶而為之也並不是說得十分坦白。因此,作為一位女性,便不可免的會認為男人在許多事上,也會採取跟她一樣的觀點或想法。這種看法其實大錯特錯,也正因為如此,所以女人時常會在發現真相之後,便於心頭產生一種根本不必要的失望感。

如果妳希望真正的了解男人,第一個先決條件就是必須接受「男女有別」這個事實。在許多時候,對同樣的一件事情,可能男人會認為根本不具任何意義;但是很遺憾的,對許多女人而言,她卻會把它放在一個重要得不能再重要的地位。

我在這裡所說的男女不同並不牽涉到「是非善惡」的價值理念,只是直截了當的指出男性與女性之間的差異罷了。男人與女人在思維方式跟處事態度上的大不相同,並不表示男人天性就喜歡「搗蛋」或「惡作劇」,而實在是因為先天生理上的不同使他們自然會在人際關係或社交處事上與女人相互逕庭。

　　下面所舉例出來的，就是一些已被研究人員接受有關男女有別的新發現。當然，這並不是說他們對所有男士們全都百分之百的適用，只是一般而言全體男性都或多或少的有類似傾向。

　　第一，男人要較女人更具侵略性。他們天生喜歡競爭，而且較易發怒。許多女人對於男人何以要那麼容易發脾氣一直大惑不解，問題的癥結乃是就男人而言，「動怒」實在是從其生理構造上一種極其自然的反應，可是此一說法絕不表示男人就可以任意使用粗暴的言語或動作待人。

　　女人對男人大發雷霆的第一個直接反應就是不斷的反覆自問：「他既然說這麼愛我，怎麼可能會用這種態度對我！？」因此，在事件發生之後，女人就經常會在好幾個鐘頭，甚至好幾天都有大受傷害的感慨。

　　但在男人這一方面，他卻是在「雨過天晴」之後仍然一頭霧水，搞不懂另一半為什麼要如此「莫名其妙」的「無理取鬧」？女人認為，亂發脾氣非同小可，是不容輕視的大事；但男人卻覺得這不過是日常生活的小插曲，犯不著大驚小怪。尤其是每當男人試圖有所解釋時，女人不但不予採信，反而會認為這是男人們所慣有的「強詞奪理」。

　　第二，男人對事業的專注要遠較於女人為高。

儘管現在在美國也已有許多二、三十歲的婦女也是在全心全力的投入工作，但是她們對事業的看法仍然跟男性大有分別。當男人在工作或金錢上遭遇挫折的時候，他們常常會變得沮喪莫名，就像是世界末日似的。可是女人卻不一樣，他們比較喜歡傾向於從人際關係而非工作上獲得滿足。我這樣說並不意味人與人之間的交往對男人並不重要，我只是在這指出男人總是把自己和事業之間的關係放在一個最為重要的地位。

他的婚姻生活可能十分美滿，子女也都孝順，但是只要他覺得自己在事業上不能有所成就的話，他就不會認為自己是一個真正的男人。

許多時候，女人就把男人這種醉心事業的特性看做是對她不太感興趣的一種表示，這是不正確的。如果對這一點不能有所認識，將必然會為雙方帶來極大的痛苦。但是，如果能夠清楚了解這一點的話，則不但女方可以減輕許多無謂的困擾，男性也可以避免一些不必要的糾纏。

第三，男人較不善於表達自己的情感。由於性格上的不同，男女在情感交流上，男方常常會遭遇不知如何表達的困窘，即使在他們鼓足了最大的勇氣，願意向對方表現真正自我的時候，通常也只是在男女雙方認識初期、彼此吸引力達到最高潮的那一段時期才

有可能發生。而一旦感情穩固之後，他們就又會很自然的回復到以前較為閉鎖的原來自我。

所以，女人就常常會覺得自己受到了欺騙。因為他發現另一半，已經變得不像以前那麼注意她了！女人於是把男人欠缺表示的態度，認為是從原本相愛的情感上撤退了。而事實的真相乃是，男人只不過是從追求期的刻意「偽裝」又回到了「本來面目」。尤其是對許多上了年紀的男人，要他們張口說出「我愛妳」三個字的確有相當大的困難，女士們必須對此加以諒解才是。

第四，男人對於權力的慾望遠較女性為強。小男孩在成長的過程中，經常會玩一種「山中大王」的遊戲，他們在長大之後也就會對領導者的角色，表現出一種極度崇拜的態度。即使是在最為開明的公司行號，權力慾的獲得滿足也會被許多男人視為一種最大的獎賞。因此，一旦男人在人際關係上被置於一種「從屬」的地位時，他就會頗覺不是滋味。

當大量婦女開始投身工作場合，有關家庭的某些傳統型態，也就不得不有所改變，許多問題自然亦就應運而生。在處理此一難題時，最好的方式就是透過心平氣和的商談，千萬不要臉紅脖子粗的正面衝突。如果能夠好言相向，男人通常都會願意投入相當的心力尋求解決之道。可是如果採取一種完全相反、情感

用事的態度，結果必然會適得其反。男人在態度上的逐漸轉變絕對是可能的，但是首先應該讓他有十分自在的感覺才行。

第五，在婚姻關係上，男人要較女人容易受傷，也更加需要來自婚姻的扶持。因為男人並不像女人一樣，可以從許多知心朋友處獲得情感交流的孔道，因此他們更加迫切的仰仗配偶能在情感上給予大力支持。否則的話，就會是對他們一種最為沉重的打擊。

另一點十分遺憾的現象，就是每當男人一旦受到傷害或有孤獨感受時，他們通常不願意加以承認，反而會以一種極為奇特的方式予以表達。最顯著的例子就是當男人在大聲咆哮：「妳整個下午跑到哪兒去了！」的時候，他心底真正的意思說不定只是「我好想妳！」因此，為了徹底解決難題，除了男人必須多多學習坦白之外，女人最好也能多嘗試了解男人心中的真正世界，而非表徵。

第六，跟女性相比，男人較傾向於大而化之的態度。他們根本不是完美主義者。對於細微的地方，男人總是懶得加以注意。由於男女在這一點上的差別，因此很容易在彼此之間造成誤會和困擾。做家事的問題就是一個最典型的例證。

女性常常期望男人在做家事上，能有跟她一樣的功力和水準，她們也不明白為甚麼男人在廚房、洗手

間的時候會如此邋遢！有時，她們甚至會河東獅吼地
說出「無可救藥」之類的重話。

　　然而，在許多事上，如果女性願意讓男人擁有稍
微大一點的自我空間、允許他按照自己的想法去解決
問題時，通常的情況下，男人往往會變得更加負責。
當然，即使如此，很可能最後的「成績」仍然不能達
到女性心目中「甲上」的水平。但是，男性的潛力應
該會發揮到「最高點」，則是絕對可以肯定的。

　　　　　　　（刊載於一九八九年十一月九日台北中央日報）

第五章

我的愛情觀
—「愛」不是萬靈丹

你突然發現自己戀愛了——早上一起床就迫不及待地想跟他（她）見面，兩個人在一起卿卿我我好幾個鐘頭也像幾秒鐘一樣的一閃即逝，就連晚上睡夢中也是充滿對方的倩影！這個時候，你倆信心十足的確定，是該可以開始籌備結婚大典的諸般事宜了，對不對？

好多言情小說跟連續劇都是如此主張或暗示。但是，已經在紐約西拉寇斯大學家庭問題研究所教了十五年書的葛登壽教授（Dr. Sol Gordon）對這個問題的答案卻是斬釘截鐵地——「不對！」

在最近一次前來美南奧克拉荷馬城作公開演講的時候，葛教授表示：「現在美國有一半以上的婚姻是以離婚收場，這個現象清楚的告訴了我們一個事實，便是美國人當初在結婚時的動機有問題！」

葛教授還進一步的認為，把「性」當作結婚與否重要考慮的美國方式尤其大錯特錯。

「我們常聽到類似這樣的談話——『我愛上大偉

了，他好極了，我們在一起的時候總是愉快，他是我最好的朋友，可是很遺憾的是，他不能使我來電！』然後，他遇見了小王，他有很多地方比不上大偉，也有一點神經質，可是小王能讓我有觸電般的滿足，所以這位小姐就嫁給了小王。」

葛博士認為墜入情網值得慶賀，在性上彼此吸引與相互滿足也絕對是件美事，但結婚與否的重要決定卻絕不能僅用來不來電作衡量。因為這是一椿終身大事，所以必須多用理性、而非感性做決定。否則，往往蜜月期一過，這才發現當初「瘋狂的戀愛」的確是一大「瘋狂」！可惜的是，現在已經生米煮成熟飯，太遲了！

婚姻之前一個最重要的考慮，就是一定要分清成熟的戀愛與不成熟戀愛之間的分野。

不成熟的戀愛往往對你造成一種飯不思、茶不想的身心俱疲。可是成熟的戀愛卻能帶給你許多意想不到的能源，使你在功課上大有進步，在事業上駕輕就熟，也能打內心深處激發你對週遭其他的人與事更具愛心。

另外，一個不成熟的戀愛，常使雙方會有一種難以忍受的孤寂煎熬感，但一見面卻又老是為一些雞毛蒜皮的小事爭執不休。相反的，如果是置身一場成熟的戀愛，在分離之時雖然彼此懸念，但重相聚首之

時，卻總能夠情深意重的相互體貼。

對某些論點，像：「你如果愛我，就要原原本本的接納我的本性」這句話，葛教授就認為是一種不切實際的錯誤冥想。

「所有婚姻都是一種相互為對方設想的學習歷程，任何缺乏克制自己以取悅對方意願的男女都不夠格談論婚姻！」

葛教授表示，許多不幸的婚姻都是在一開頭跟完全不適合自己的伴侶談戀愛時就已經種下了必然的惡果。

「如果在戀愛期間，雙方曾有過情緒化、甚至暴力傾向的嚴重爭執，那彼此就絕不應結婚。」葛博士說。

「如果他竟打你耳光，那就表示對方根本不喜歡你。如果有人經常取笑你、或有意無意老喜歡揭你瘡疤，那麼彼此將來能夠白頭偕老的機率將微乎其微！」

而對於那些曾經離過婚，卻又再考慮第二春的男女，葛教授的忠告是，務必要與對方坦誠討論先前婚姻失敗的真正關鍵。

「如果你曾犯錯，可以努力把錯誤變成前車之鑑。如果對方始終堅持：『我不願意談論過去那一段』，那就最好別跟這個人步入禮堂。」

在這場精彩演講的最後結論裏，葛登壽教授特別提到促成一椿美滿婚姻的幾大要素：

「第一是要親密，第二是有幽默感，第三是要坦誠溝通」，然後他才提到：「美滿的性生活和共同分擔家務事。」

最後，他還說：「在婚姻關係上最重要的一點就是——立志使自己成為另一半最親密的好朋友！」

（刊載於一九八九年元月四日台北中央日報）

第六章

我的教育觀
─把教育歸真返璞

◎于法治 / 譯

（一九八九年元月二日，全美各大報皆刊登有一篇題為──「把教科書換成『真實世界』」的美聯社專電報導。其內容對幼稚園及小學頗具見地、深富啟發，筆者特予譯出，並冠以「把教育歸真反璞」的標題，以饗讀者。）

我們如果能夠讓孩童親眼觀看蝴蝶生命週期的各種變化，那我們為甚麼堅持一定要用教科書來教導他（她）們呢？

「一種是驚心動魄的參與，另一種只不過是硬生生地閱讀一些文字符號罷了！」夏威夷大學科學課程發展部主任卜天傑教授一針見血的作出比較。

他還說：「用文字來替代大自然奧妙的教學方式已經存在好久了，因此我們雖然口頭上說是科學教育，但實際上卻正進行科學求真精神的大屠殺。」

現年六十歲的卜教授曾經當過高中教員。憑著

一股堅忍不拔的毅力，他終於成功的發明一種利用活生生奇妙世界做教材的科學範本。這本被稱為「科學及健康發展小研究」的課程成功地把健康、科學與文學、藝術及其他社會科學融為一爐，是特別針對幼稚園大班及小學一年級的兒童編輯而成的。而卜教授另一部早先完成的大作——「科學教育基本研究」則早已被全美一千兩百多個中學採為教本。

卜教授是在一九六九年，當申請到一筆由夏威夷大學和夏威夷州政府所共同贊助的基金之後，開始作相關研究的。夏威夷得天獨厚的天然景觀、給他的研究提供了極大的助益。此一研究成果於一九七〇年正式開始在夏威夷實施。後來，再配合各地不同的景觀、風土人情…等因素做出因地制宜的修正之後，也於一九七六年開始向美國大陸本土全面推廣。

「我們是嘗試讓兒童從自己的眼睛觀察大自然，而不是硬塞給他們一本教科書。」卜教授語重心長的表示。

譬如，在「科學及健康發展小研究」裏邊，當討論到「衛生的重要」這個專題的時候，卜教授就建議師生們一起把手指頭滲進可口奶或可食用油的黏液中，然後大家一塊兒傾聽一段兒歌：「有一個最可怕的小細菌，它長得又細又長、好像一隻小毛蟲，它最喜歡惡作劇，讓你我都生病，躺在床上翻來翻去，真

是痛得要命！」在紐約大學水牛城分校附屬幼稚園任教的甘如莉小姐就十分推崇此一教材，她尤其激賞教材中對於問題不採僅僅提供一個標準答案的精心設計。由於問題經常有多重不同的正確答案，自然容易養成孩童獨立思考和發揮創造力的習慣。

而整個課程成敗的最大關鍵就是在於多鼓勵孩童積極參與，使他（她）們從小就能明瞭科學與我們人生息息相關的大道理。

一旦孩童們瞭解，而且懂得運用活生生的教材去發掘週遭大自然的無限奧秘時，他們就必定會更加熱愛寶貴的生命。

目前，此一嶄新教材正在十所大學附設幼稚園進行實驗，如果一切進行順利，將從一九九一年正式向全國幼稚園及小學一年級的學生全面推廣。

對於這個教育計劃，在推廣上有無碰到任何困難呢？

「很奇怪，最大的困擾並非來自孩童，卻是來自老師們！他（她）們似乎都是以前教科書填鴨式教育的受害者，也深怕在教學時犯下錯誤，會在學生面前出醜。畢竟，只消翻開書本找標準答案的教育方式的確是比較簡單！」卜教授顯得十分無奈。

最後，他寓意深長地說道：「可是，大自然的真實現象才是最正確的標準答案啊！」（譯自「奧克拉

第七章

我的審美觀
── 美是最好的介紹信

◎于法治 / 譯

（譯者註：報載，臺灣的選美風氣真是愈
來愈開放了，有的報導甚至指出，參選一九
○年環球小姐的佳麗逕相以「布料極少」的泳
裝競賽，使「可觀性」大為提高，成為廣大觀
眾注目的焦點。可是，到底甚麼才是真美？美
與醜的真正標準究竟何在？…等問題相信絕對
是既嚴肅、且又十分有趣的話題。因此，最新
一期美國「展示」雜誌所刊載的這篇文章應該
會引起國內讀者的相當共鳴和回響。）

美比任何一種介紹信更有效果

或許不少人會說美麗只不過是外在的一層皮罷
了，但是古希臘哲學家亞里斯多德卻曾一針見血的
指出「美貌本身要遠較任何一種介紹信都來得更具效
果」！事實上也的確如此，面貌姣好的男女總會在許
多事上佔到便宜：在學校裏，他（她）們會得到較多
的幫助和照顧、更高的分數以及較輕的懲罰；在工作
上他（她）們的待遇較高、升遷也較快；而在尋找伴

侶的時候，這些人則更是經常處於一種可以支配及主導的地位；就是在一般的時候，人們也是常把俊美的外表跟風趣、誠實、善良及成功⋯相提並論。

另外，即使在童話世界裏，我們也都是從小就被灌輸一種公式：白馬王子永遠是既勇敢又瀟灑、而公主總是不但善良而且美麗；可是相反的，壞人卻一直都是既笨且醜！而後來當我們長大成人，整個社會也常常有意無意的會在許多不同的時間和場合向我們重新強調同樣的訊息。

因此，當我們閱聽到英俊高大的西點軍校畢業生在進入部隊之後升遷較快以及秉持正義的法官大人對外表較美的犯人會給予較輕的判決這些報導時，也就不至於感到太大的驚訝！

一九六八年，一項針對紐約市內所有監犯所作的實驗，曾經把臉上留有疤痕及身體某些部位有傷殘的犯人分成三組。然後，對第一組施予外科整形手術、對第二組給予心理治療及復健方面的協助、而對第三組的犯人則不理不睬，讓他們依然故我。一年之後，當研究人員對所有犯人重作檢視時，他們發現第一組那些曾接受過整容手術犯人的表現最令人滿意。

相同的履歷表，錄取的一定是較美的人

在另一件對各大公司人事部門所作的調查研究中

亦發現，如果把完全相同的履歷表換貼上兩張完全不同的照片，則被錄用的一位往往是相貌姣好的人！而且，即使在同一個家庭裏邊，就連親身父母也是會對長相較為可愛的子女賦予更多的精力和寵愛。

相貌可愛的孩童在學校的成績表現之所以較佳，其原因可能跟他（她）們會受到較多的關照和鼓勵有關。在一九七五年所進行的一項研究報告，一群老師曾被要求對一位成績欠佳八歲男童的學業報告作一番評估與建議，每位老師都看過這位學童的成績單，但是卻讓一部份的老師看到他一張相當可愛的照片，對其他老師則附上一幀十分頑皮醜陋模樣的照片，結果後來發現，拿到不是很美麗照片的老師們大部分都建議把這個小男孩編入「低能班」以觀後效。另一樁十分有趣的研究，一組人員先看一幀一對男女的合照，然後要大家只對相片中的男士進行評估。結果是，如果這位男士身旁的小姐十分貌美的話，大家就多半認為這位男士必定是十分聰明且相當成功；否則的話，大家就會表示無啥可觀。

對於上述的許多研究與實驗，我們可以說，它們只是再一次的證明了長久以來為我們所已經深信不疑的一項事實，那就是：一位小姐的容貌跟那些可以論斤論兩的期貨相比，可能毫無不同！只要她們的臉蛋迷人、再加上身材凹凸有緻的話，那麼她就極有可能

嫁給一位富有的商賈，然後一步登天的跳出社會的底層和貧窮。

高的男人升遷比矮的人快

而此一結論對於英俊瀟灑的男士似乎也可一併適用，只是就男人而言，除了長相以外，他們的身高也往往位於一個舉足輕重的地位。有一組研究人員，曾對一萬七千名的美國就業男士在職業上的表現作了一番精確的評估。他們發現，一般而言，那些身高超過六呎的男士社會地位、升遷速度及薪資所得都比身材矮小者來得高和快。我在想，此一結果說不定跟我們從小往上仰望父母的的記憶有關：只有父母和其他成年人才又高又壯、也只有他（她）們才擁有獎懲的最高權威、可以滿足我們的慾望、也能完全否決我們的期望和夢想！

在人類的長遠歷史中，似乎所有民族都有重視面部化妝的傳統。人類學家早就發現，古埃及遠在紀元前四千年的時候就已經擁有了製造香水的技術及美容院的設施。

另外，早在西元前六千年的時候就已經流行了男士送化妝品給婦女的習俗。研究人員也發現，對於古埃及的女士而言，她們所最鍾愛的第一選擇乃是綠色的眼影！

　　甚至，古羅馬的男士們也對化妝一事不敢掉以輕心。戰場上的指揮官們在揮軍出征前也都有先行理髮、再抹上「美髮霜」以及修剪指甲的習慣。在西元第二世紀，一位羅馬的大夫就已經發明了製造冷霜的一種技術，令人萬分驚奇的乃是，此一美容聖品的成份一直到今天都沒有太大的改變。

　　我們或許也都會記得在舊的聖經中有關那位蕩婦淫后結示巴的故事：她在做壞事之前，總有先在臉上「塗塗抹抹」的習慣。她是在西元前八百五十年左右從腓尼基人手中學會了此一時髦的美容技術。而且，歷史也有另一項記載，在距今不過兩三百年的十八世紀時，歐美婦女都在趨之若鶩的爭先食用一種含有砒素的薄餅食物，因為她們希望可以使自己的皮膚變得更加白皙誘人，儘管此一化學物資的真正作用只是在蠶食血液中的血紅素！

文化不同，美的觀點也有異

　　縱然愛美的天性古今皆然，但是判定美醜的標準仍然由於文化、年齡或其他的不同而呈現某些差異。田納西州路易斯維爾大學的研究人員最近就針對美國大學男生心目中所心儀的異性伴侶作了一項實驗，然後他們把收集起來的所有數據全給輸入了電腦。結果發現這些大男生心目中的「絕色美女」必須是：擁有

寬闊的顴骨、兩眼的距離要遠、鼻子要小巧、眉毛要高俏以及一個必須佔滿半邊臉的微笑！如果要更加精確的作出描述，那麼「她」就必須是：每一隻眼睛都僅佔面部的十四分之一長及十分之三寬；鼻子的面積絕對不能超過面部的百分之五；而且兩眼中間點到眉毛的距離必須是面部長度十分之一。

如果把上述的這一套「標準」拿來和一些被公認的現代美女作對照的話，我們就會發現理論與實際根本無法相互印證。這對於許多不符合前述幾何學標準的婦女們而言，未嘗不是一項稍感快慰的福音。

就我本身而言，我一直清楚記得多年前當我第一次觀賞好萊塢巨星奧瑪雪瑞夫所主演的「齊瓦哥醫生」及「阿拉伯的勞倫斯」時，我立刻情不自禁的把他當作是最具魅力的夢中情人！可是，幾個月後，在一個電影專訪節目中，當我聽到他宣佈人生的至高樂趣只是打橋牌的時候，很奇怪的，在我內心深處，似乎一下子他就變得極不可愛了起來：他的雙眼好像都患了角膜炎，他的下巴好像也顯得特別突出，反正像是頃刻之間他所有的五官都變得完全不對勁就是了！

真正的愛情並非透過雙眼，而是透過心靈

而令我相當驚訝的，就像是後來我也曾經經歷過跟當年對奧瑪雪瑞夫完全類似的際遇：當那一位長相

並不十分出眾的的男士對我開口侃侃而談時，我便立
刻被他優雅的風度給迷住了！

　　因此，我們真的應該感謝上天賜給了我們人類
一些諸如智慧、好奇、幽默、善良…等特質，使得美
麗的外表縱然能夠輕易的賺得對方短暫的注目，但是
如果想要贏取彼此心靈之中天長地久的永遠亮麗，則
非有賴於前述的一些特質不可。就像英國大文豪莎士
比亞在他那齣著名的「仲夏夜之夢」中所說的一樣：
「真正的愛情並非透過雙眼、乃是透過心靈。」

　　　　　　（刊載於一九九〇年六月十一日台北中央日報）

第八章

我的時間觀
─ 時間、壓力與憧憬

　　全臺灣的生活節奏似乎愈來愈緊張，台北市的步調更像極了小跑步。因此，「時間管理」與「壓力管理」也就雙雙成為最時髦的科目和話題。

　　十多年前，我曾在一千多萬人口的紐約市打工賺取學費。每天，要在大型中餐館的廚房裡擔任足足十個鐘頭的切洋蔥、剝大蒜、洗碗盤、刷油鍋、擦地板…，不能不說是相當勞累。可是，當時我的確是絲毫沒有所謂的「壓力」之感。事後，我曾回想：「自己又不是超人，怎麼可能在那個時候會如此神勇？」

　　隨著時光的流逝，我才終於逐漸地領悟出箇中三味，原來當時那棟位於曼哈頓的建築自二樓以上便是赫赫有名New York Times的大本營，對於一位當時極為醉心於國際關係、美國新聞體制的年輕留學生而言，能在美國最具影響力的「紐約時報」總部樓下打工，雀躍、滿足與神氣都來不及了，怎麼可能還會去想到「疲憊」、「壓力」等問題！？尤其是，每天下班時刻還可以拿到一份厚重的免費報紙，就更令自己

有一股莫名的趾高氣揚之感了。

　　最近，雕塑名家楊英風先生就說：「真正的創作不應受限於時間」，名演員成龍也說：「為了拍好電影，多花一點時間也值得」。因此，有了正面積極的美夢和理想，「時間管理」就自然容易駕輕就熟，「壓力管理」也就當然不是什麼大問題了。因為，已經有了鮮明的人生意義與目標，而不是人云亦云、隨波逐流式的汲汲與營營。親愛的朋友，您說是嗎？

（刊載於一九九四年八月二十五日
台北工商時報——經營知識版）

我的時間觀
—活在這一刻！

今天清晨，當我在人潮之中、隨著捷運台北站的電扶梯快速向前行時，我突然有一股類似二十年前置身於紐約市中央車站的相同感受！

的確，活在當今這個既忙碌、又急躁的社會叢林，我們似乎永遠不停地在塞車、找車位、從這一點趕到下一點…。可是，有時又不免捫心自問：難道這就是人生？這就是我們生活的意義？有一次，美國著名的勵志大師艾倫‧科漢在開車前往舊金山機場的路上，綿延數里的車陣使他困在金山大橋上而動彈不得。隨著一分一秒的飛逝，他開始愈加擔心到底趕不趕得上飛機。這時候，突然有微弱的內心聲音告訴他說：「錯過飛機是一回事，錯過這一刻那又是另一回事。」他這才驚訝的領悟，原來他正在錯過橋下的水面美景、窗外的清新空氣以及收音機正播放的美妙音樂…。他完全忘記了一件事，那就是他一定可以趕上下一班的飛機，但他將永遠無法再抓住另外的「這一刻」！

　　親愛的朋友們，當我們也正在台灣島上日夜忙碌奔波之際，我們是否也應該偶而能夠真正的安靜下來，以便好好清心寡慾的享受這唯一的「這一刻」！

　　讓我們千萬不要因為沒有太多太多的事件填滿某些「空白」而著急、惶恐；畢竟，很多時候，也唯有這些「空白」才能協助我們尋回自我，享受真正的喜悅與平安。

　　親愛的朋友，您是否同意呢？

（刊載於一九九九年七月七日
台灣時報「企管捷運站」專欄）

第九章

我的工作觀
—祝你（妳）幸福！

一九九三年底，我從旅居了十多年的美國回到臺灣，加入全台一家最大的企業培訓公司擔任講師。

沒多久，我奉董事長洪良浩先生之命前往台東知本溫泉，為一家大型公營單位的高階主管講授「溝通」課程。

一天的課程順利完成之後，我卻從廣播中得知——由於颱風即將登陸，使得台東豐年機場完全關閉。無計可施，我只有留在台東多停留一天。

不料，將近半夜突然被一陣敲門聲驚醒；打開門一看，發現正是白天上課的一位學員。

他不好意思的說道：「于老師，實在抱歉，我有一些私人的問題想請教您，不曉得方不方便打擾您幾分鐘？」既是學員，我立刻二話不說地請他進了房間。

他這才哀怨的說道：「老師，聽完一天的課，我才真正了解到過去這麼多年的婚姻裡，我真是在溝通上犯了太多的嚴重錯誤！」我接著說道：「只要能夠

開始就永遠不嫌太遲，明天回家把所學的多加練習與運用，就一定會有漸入佳境的結果」。

「不，于老師，太晚了！因為兩個禮拜以前我太太去了一趟台北，在聽完一位很有名的女性講師的講演之後，他回到家就立刻提出了離婚的要求，我拗不過她，也終於簽字答應了她的要求！」……

我得承認，一直到今天我都仍然記得他說那句話時的難過表情；也是在那一剎那，我了解到——原來，一位講師所具有的影響力實在超乎想像！他（她）所講的任何一句話或一個動作都有可能影響一個人的一生，甚至整個家庭！

因此，自那次事件之後，我總是不斷的提醒自己務必要在講課之中，儘量為學員們營造一些積極的正面影響。

最近這幾年，或許是好心有好報，我何其有幸的，成為全球知名課程D.I.S.C行為模式的認證講師。此一課程不僅幫助自己更形提升，對眾多學員所造成的激勵及鼓舞例證更是屢見不鮮。

二〇〇〇年四月八日，在新竹科學園區為一家擁有八千員工的知名半導體公司高階主管上課。上完之後，一位總經理室的協理留下來告訴我說：「Robert，上完一天的課，我最大的感受就是好希望我老婆和我那十四歲的兒子也能上這門課！」一個月

之後，他那可愛的妻子和高頭大馬的兒子真的走進了我們位於台北市仁愛路圓環的教室！

二〇〇〇年六月，一家美商保險公司的何姓處經理在上完D.I.S.C之後，也私下告訴我說：「于老師，我一定要想辦法讓我的老公來上這堂課。」果然，第二個星期她老公也終於更加明瞭了與他老婆互動溝通的秘訣與方向。

二〇〇〇年十月十六日，替一家在臺灣屬一屬二電訊公司基層主管上課，其中，有一位美麗大方D.I.型的陳小姐，本來應該是屬於熱情、開朗、奔放的行為模式，沒想到卻一整天都嘟個嘴，一付人家欠她一、兩百萬似的。後來，一直到了課程結束的回饋分享，她才終於站起來說出我今天仍歷歷在目的話，她說：「早上，和男朋友大吵了一架！可是，我現在終於知道問題的關鍵何在。我想等一下下課之後，我第一件要做的事就是趕緊撥個電話給他說聲對不起！」她那微紅的雙眼始終深刻印在我腦海深處。

二〇〇一年二月，一位保險業的新人，才二十出頭的呂小姐在上完課之後用極其興奮的心情向全班分享說：「以後有朝一日如果我當了營業處的主管，以後如果我結婚，以後能幸福美滿不離婚，我最要感謝的就是D.I.S.C的講師」！

我得承認，每回聽到類似上述的感人回饋言語，

我總是會以身為培訓講師為傲、為榮！也自然會情不自禁地打從心底默默哼著那首老歌——「送你（妳）一份愛的禮物，我祝你（妳）幸福」……。

（二○○一年青年節前夕，寫於台北市仁愛路圓環）

第十章
我的人際觀
─ 幽默感與同情心

　　一九八一年三月三十日，美國東部時間下午兩點半的一顆子彈，使得全世界為之震驚。可是，即使在那顆子彈仍停留在他體內的時刻，美國總統雷根仍然沒有忘記他那為人所津津樂道的幽默感：

一、　當南茜聽到消息，匆匆趕往醫院探視雷根的時候，雷根告訴她說：「太太，我忘記趴下了！」

二、　對那些即將操刀、替他動手術的醫生，他說：「我真巴不得你們都是共和黨員。」

三、　當雷根得知，在夜晚將有一位特別護士要在加護病房照料他時，他寫了一個紙條：「南茜知不知道？」

四、　雷根還對照料他的醫生和護士說：「如果我在好萊塢也能引起那麼大的注意，那我是一定不會離開那邊的。」

　　另外，當雷根總統動完手術，可以開始慢慢走動的時候，他又接著說了其他的笑話：

五、 他告訴他的女兒茉琳說：「真糟糕，我的那套新西裝報銷了！」

六、 對他的三位高級顧問，雷根問道：「誰在店裡照應？」

七、 發生意外的第二天，一位護士前來查看雷根的情況，雷根說：「我一向好的很快。」「要經常保持這樣」護士答道。雷根接著說：「您的意思是這種事情還會再發生幾次？」

八、 當雷根得知，他將不能在預定四月八日舉行的職業棒球大賽開球典禮上投第一個球的時候，雷根爭辯著說：「受傷的部位在左邊，我可是用右手投球的。」

在受槍傷之後的一兩天，雖然雷根總統開了這一連串的玩笑，可是當他聽說他的新聞秘書布雷迪身受重傷的時候，他卻痛苦的說道：「天哪！天哪！」眼淚也立刻充滿了他的雙眼………

（刊載於一九八一年五月一日台北中央日報）

第十一章

我的政治觀

— 選舉的聯想

　　美國大選的最後衝刺正如火如荼的進行，像歷屆大選一樣，今年的選戰也充滿許多不傷大雅的政治笑話，給美國人平添不少情趣——

一、　鑒於杜凱吉斯比布希足足矮了半個頭，有人建議他儘快改穿高跟鞋。

二、　為了爭取選票，有人獻策布希採取當年羅斯福總統「爐邊談話」的方式親近民眾，後來此議並未採行，原因是顧問們擔心布希的講話太過單調，可能連爐火都會因而熄滅。

三、　由於丹‧奎爾長的英俊瀟灑，杜凱吉斯不得不打電話給三大電視網的主管，希望在他的副手班森上電視的時候，他們能夠幫個忙，把他的面部表情多上一些色彩。

四、　丹‧奎爾當年在越戰期間沒能像許多年輕人一樣跑到加拿大以逃避兵役，主要的原因是他大學地理成績太差，搞不懂加拿大到底在哪個方向。

現在，再讓我們反過來看看我們自己的選舉，則不能不承認是火藥味過重，幽默感奇缺！如果有那麼一天，我們的國家也能在會心的微笑中完成選舉，那可真是社稷之福。

（刊載於一九八八年十一月九日台北中央日報）

第十二章

我的處世觀

─ 說真話，做實事！

　　平常自己極少看電視綜藝節目，倒不是說看它們有甚麼不好，而是我認為看書、寫文章、與好友聊天，甚至逛街、看電影…都能帶給我們更大的「娛樂」和「綜藝」。

　　可是，前天碰巧在看完一篇文章、起身喝水之際，一扭開電視，居然看見綜藝節目中正在訪問一位政壇名女人及另一位名政論家。政論家對名女人的結論是：「她不適合搞政治，因為她太天真！」。由於這一句話，我也因而想到如果在大企業內上班，是不是也不能太真的問題？

　　前一陣子，就聽到一則極有趣味的真人實事──美國有位年青外交官，受完訓後便被派往中東一個小回教國家任職秘書。沒多久，華盛頓的國務院給館內來了一紙命令及一捲某政壇名人的傳記影片，指示各領事館務必要擇期公開放映。

　　然而，經過這位年青秘書研究的結果卻發現，當地人民對這位美國名人極為反感，因為他有極度親以

色列的傾向。

幾經電報、傳真聯絡，華盛頓方面仍然堅持己見，規定不得對該命令打任何折扣。試問，如果你是這位當事人，將作何處置？

後來這位年青外交官的做法是，仍然遵旨公開放映。但是，他所選擇的日期卻是某一個回教齋戒日，結果，當天除了館內自家人之外，一個觀眾也沒來。算是既沒有違抗長官命令，也沒有觸怒駐在地的國家和人民，終於營造出一個雙贏的局面。

因此，我依然相信，無論是在政壇或商場仍應秉持良知與智慧說真話、做實事！

雖然有時候的確不大容易，但是，這才是真正發揮自己「附加價值」的重要時機和關鍵。

親愛的朋友，您同意嗎？

（刊載於一九九九年五月十日
台灣時報「企管捷運站」專欄）

第十三章

我的送禮哲學

—新年賀禮

　　聖誕節於西方，就像我們東方的過年，是一個喜樂慶團圓的日子。唯一不同之處乃是我們過年多了個送紅包的節目，而西方社會則是以相互致贈禮物來慶賀。由於紅包是只能由長輩給晚輩、而相互贈禮卻更能顯示雙向溝通之精義，因此在這一點我倒認為頗有值得我們多加學習之必要。

　　今年聖誕節一早，正讀高一的大兒子Norman送給我由H・布朗先生所寫的一本小書「Lifes Little Instruction Book」做聖誕賀禮，頗讓我有一份兒子已經長大的感觸和喜悅。

　　這幾天，我利用時間開始咀嚼這些由許多短句所組成的篇章，頗覺其中深富人生智慧及哲理，因此極樂意在這一九九九剛剛開啟之際，抄錄數則越洋傳送給國內同胞，也祝福大家於新的年度都吉祥如意，順利快活！

　　● 每天讚美三個人。

　　● 在一年當中至少找一天、來靜靜的觀賞日出美景。

- 沐浴的時候千萬別忘了唱歌。

- 擁有一套好一點的音響。

- 原諒自己也原諒別人。

- 不需要甚麼特別理由也可以開香檳酒慶賀一番。

- 結交新朋友、勿忘老朋友。

- 謹守秘密。

- 儘快寄出「感謝卡」。

- 用意外的小禮物給心上人一份驚喜。

- 做生意和經營家庭其實沒甚麼兩樣，其中最重要的秘訣都在信任！

- 即使自己再有錢，也要讓小孩學習自己賺取一小部份的大學學費。

- 即使自己再有錢，也要讓小孩自己支付自己的車輛保險費。

- 養成為善不欲人知的好習慣。

- 用心選擇人生伴侶，因為這一個決定會影響自己人生百分之九十的喜怒哀樂。

- 找時間仔細嗅一嗅玫瑰的芬芳。

- 無論經濟多麼不景氣，都要想辦法帶家人去渡假；因為假期所帶來的美妙回憶乃無價之寶！

　　親愛的朋友，在看完這些字字珠璣的智慧箴言之後，您是否也願意立下心志將它們加以實踐力行呢？

（刊載於一九九九年元月四日台灣時報「企管捷運站」專欄）

第十四章

我的人生觀
— 新年獻禮

◎于法治／譯

沒有一個人可以活著離開這個世界，因此我們有必要時刻長保寓意深遠的價值觀。

千萬記著多照顧自己，健康的身體是每個人的最大財富。失去健康，任何快樂都將變得毫無意義。

立志成為一個歡欣快活且願意時刻向別人伸出援手的人，這樣，別人也必定會以微笑和善心相報。

避免跟喜歡挑釁及容易動怒的人打交道，他的報復心態極具殺傷力；最好也能遠離狂熱分子，因為他們經常欠缺幽默感。

要下定決心少說多聽，沒有人能從滔滔不絕中學習到任何東西。

不要隨便濫施忠告，因為聰明人不需要它，傻子卻根本對它不屑一顧。

以仁愛善待幼童，用慈悲照顧老年，對正遭受打擊的給予同情，對軟弱及犯錯者多予寬恕。畢竟，在生命的過程中，我們也時常會遇到這些難處。

　　不要把成功和金錢之間畫上等號，有許多家財萬
貫的男女，在人生的旅途上卻是一個完完全全、徹徹
底底的失敗者。

　　成功人生的真正定義，乃是一個人如何經由努力
以達到無比的喜樂。

　　　　　　　　（刊載於一九九○年一月九日台北中央日報）

第十五章
我的座右銘

- Walk the talk！（言行如一）

- 行公義・好憐憫・存謙卑——聖經

- 我愛錢・我更愛人；我有錢・我更有心。

- 受到恭維，先別高興，因為我並沒有那麼好；有人批評，也別難過，畢竟我還沒有那麼糟——William Blake

- 主動忙，不是忙；被動忙，才真忙。

- He who has never failed can not be great.
  （不經一番寒徹骨，哪得梅花撲鼻香）——Herman Melville

- 成長就是不習慣！
  （親身體驗之後，自己發明的句子）。

第十六章

你呢？

- 敬愛的朋友，感謝您花時間分享了我人生中的部分心路歷程。可是，如果我現在誠心的問你——

- 您的靈魂核心價值是甚麼？

- 您心目中的「英雄」是誰？為甚麼是他（她）？

- 您對金錢的看法？愛情呢？

- 您的審美觀到底如何？

- 您對教育的看法？

- 您對時間管理的中心思想為何？

- 您有沒有花時間想過自己的人生使命和願景？……

　　請問，您會如何回答我呢？如果您願意，我衷心盼望著您的分享，robertyu99@yahoo.com謝謝您！

本書之順利完成，
衷心感謝——

郝　梅　小姐　繕打
林秉慧　小姐　編輯
羅季芬　小姐　封面設計

國家圖書館出版品預行編目

持守核心價值 / 于法治著. -- 一版.
臺北市 ： 秀威資訊科技, 2005[民 94]
面 ； 公分. -- 參考書目：面
ISBN 978-986-7263-65-0(平裝)
1. 自我論

191.8 94016920

 哲學宗教類 PA0011

持守核心價值

作 者 / 于法治
發 行 人 / 宋政坤
執行編輯 / 李坤城
圖文排版 / 莊芯媚
封面設計 / 莊芯媚
數位轉譯 / 徐真玉 沈裕閔
圖書銷售 / 林怡君
網路服務 / 徐國晉
出版印製 / 秀威資訊科技股份有限公司
　　　　　台北市內湖區瑞光路 583 巷 25 號 1 樓
　　　　　電話：02-2657-9211 傳真：02-2657-9106
　　　　　E-mail：service@showwe.com.tw
經 銷 商 / 紅螞蟻圖書有限公司
　　　　　台北市內湖區舊宗路二段 121 巷 28、32 號 4 樓
　　　　　電話：02-2795-3656 傳真：02-2795-4100
　　　　　http://www.e-redant.com

2006 年 7 月 BOD 再刷
定價：120 元

讀　者　回　函　卡

感謝您購買本書，為提升服務品質，煩請填寫以下問卷，收到您的寶貴意見後，我們會仔細收藏記錄並回贈紀念品，謝謝！

1. 您購買的書名：＿＿＿＿＿＿＿＿＿＿＿＿＿＿＿＿＿＿＿＿

2. 您從何得知本書的消息？

　　□網路書店　　□部落格　　□資料庫搜尋　　□書訊　　□電子報　　□書店

　　□平面媒體　　□ 朋友推薦　　□網站推薦　□其他＿＿＿＿＿＿

3. 您對本書的評價：(請填代號　1.非常滿意 2.滿意 3.尚可 4.再改進)

　　封面設計＿＿　版面編排＿＿　內容＿＿　文/譯筆＿＿　價格＿＿

4. 讀完書後您覺得：

　　□很有收獲　　□有收獲　　□收獲不多　　□沒收獲

5. 您會推薦本書給朋友嗎？

　　□會　□不會，為什麼？＿＿＿＿＿＿＿＿＿＿＿＿＿＿＿＿＿

6. 其他寶貴的意見：＿＿＿＿＿＿＿＿＿＿＿＿＿＿＿＿＿＿＿＿

＿＿＿＿＿＿＿＿＿＿＿＿＿＿＿＿＿＿＿＿＿＿＿＿＿＿＿＿＿

＿＿＿＿＿＿＿＿＿＿＿＿＿＿＿＿＿＿＿＿＿＿＿＿＿＿＿＿＿

＿＿＿＿＿＿＿＿＿＿＿＿＿＿＿＿＿＿＿＿＿＿＿＿＿＿＿＿＿

讀者基本資料

姓名：＿＿＿＿＿＿＿＿＿　年齡：＿＿＿　性別：□女 □男

聯絡電話：＿＿＿＿＿＿＿　E-mail：＿＿＿＿＿＿＿＿＿＿

地址：＿＿＿＿＿＿＿＿＿＿＿＿＿＿＿＿＿＿＿＿＿＿＿＿＿＿

學歷：□高中(含)以下　　□高中　　□專科學校　　□大學

　　　□研究所(含)以上 □其他＿＿＿＿＿＿＿＿

職業：□製造業 □金融業 □資訊業 □軍警 □傳播業 □自由業

　　　□服務業 □公務員 □教職　□學生 □其他＿＿＿＿＿＿

To：114

台北市內湖區瑞光路 583 巷 25 號 1 樓

秀威資訊科技股份有限公司　　　收

寄件人姓名：

寄件人地址：□□□

(請沿線對摺寄回,謝謝!)

秀威與 BOD

BOD（Books On Demand）是數位出版的大趨勢，秀威資訊率先運用 POD 數位印刷設備來生產書籍，並提供作者全程數位出版服務，致使書籍產銷零庫存，知識傳承不絕版，目前已開闢以下書系：

一、BOD　學術著作—專業論述的閱讀延伸
二、BOD　個人著作—分享生命的心路歷程
三、BOD　旅遊著作—個人深度旅遊文學創作
四、BOD　大陸學者—大陸專業學者學術出版
五、POD　獨家經銷—數位產製的代發行書籍

BOD 秀威網路書店：www.showwe.com.tw
政府出版品網路書店：www.govbooks.com.tw

永不絕版的故事・自己寫・永不休止的音符・自己唱

To：114

台北市內湖區瑞光路 583 巷 25 號 1 樓

秀威資訊科技股份有限公司　　　收

寄件人姓名：

寄件人地址：□□□

(請沿線對摺寄回,謝謝!)

秀威與 BOD

BOD（Books On Demand）是數位出版的大趨勢，秀威資訊率先運用 POD 數位印刷設備來生產書籍，並提供作者全程數位出版服務，致使書籍產銷零庫存，知識傳承不絕版，目前已開闢以下書系：

一、BOD 學術著作—專業論述的閱讀延伸
二、BOD 個人著作—分享生命的心路歷程
三、BOD 旅遊著作—個人深度旅遊文學創作
四、BOD 大陸學者—大陸專業學者學術出版
五、POD 獨家經銷—數位產製的代發行書籍

BOD 秀威網路書店：www.showwe.com.tw
政府出版品網路書店：www.govbooks.com.tw

永不絕版的故事・自己寫・永不休止的音符・自己唱

讀 者 回 函 卡

感謝您購買本書，為提升服務品質，煩請填寫以下問卷，收到您的寶貴意見後，我們會仔細收藏記錄並回贈紀念品，謝謝！

1. 您購買的書名：＿＿＿＿＿＿＿＿＿＿＿＿＿＿＿

2. 您從何得知本書的消息？

　　□網路書店　　□部落格　　□資料庫搜尋　　□書訊　　□電子報　　□書店

　　□平面媒體　　□ 朋友推薦　　□網站推薦　□其他＿＿＿＿＿＿

3. 您對本書的評價：(請填代號　1.非常滿意 2.滿意 3.尚可 4.再改進)

　　封面設計＿＿＿　版面編排＿＿＿　內容＿＿＿　文/譯筆＿＿＿　價格＿＿＿

4. 讀完書後您覺得：

　　□很有收獲　　□有收獲　　□收獲不多　　□沒收獲

5. 您會推薦本書給朋友嗎？

　　□會　　□不會，為什麼？＿＿＿＿＿＿＿＿＿＿＿＿＿＿＿＿＿＿

6. 其他寶貴的意見：＿＿＿＿＿＿＿＿＿＿＿＿＿＿＿＿

＿＿＿＿＿＿＿＿＿＿＿＿＿＿＿＿＿＿＿＿＿＿＿＿

＿＿＿＿＿＿＿＿＿＿＿＿＿＿＿＿＿＿＿＿＿＿＿＿

＿＿＿＿＿＿＿＿＿＿＿＿＿＿＿＿＿＿＿＿＿＿＿＿

讀者基本資料

姓名：＿＿＿＿＿＿＿＿＿　年齡：＿＿＿　性別：□女 □男

聯絡電話：＿＿＿＿＿＿＿　E-mail：＿＿＿＿＿＿＿＿＿

地址：＿＿＿＿＿＿＿＿＿＿＿＿＿＿＿＿＿＿＿＿＿＿

學歷：□高中(含)以下　　□高中　　□專科學校　　□大學

　　　□研究所(含)以上 □其他＿＿＿＿＿＿＿＿

職業：□製造業 □金融業 □資訊業 □軍警 □傳播業 □自由業

　　　□服務業 □公務員 □教職　□學生 □其他＿＿＿＿＿＿

國家圖書館出版品預行編目

中美台戰略趨勢備忘錄／曾復生著. -- 一版
  -- 臺北市：秀威資訊科技, 2004[民93
  -]
    冊；　公分. --（社會科學類；AF0011-）

  ISBN 978-986-7614-66-7（第1輯：平裝）. --
ISBN 978-986-7614-67-4（第2輯：平裝）

  1. 國家安全 - 臺灣　2. 兩岸關係　3. 美國 -
外交關係 - 中國

  599.8   93020620

社會科學類　AF0011

中美台戰略趨勢備忘錄　第一輯

作　　　者 / 曾復生
發 行 人 / 宋政坤
執 行 編 輯 / 李坤城
圖 文 排 版 / 張慧雯
封 面 設 計 / 羅季芬
數 位 轉 譯 / 徐真玉　沈裕閔
圖 書 銷 售 / 林怡君
網 路 服 務 / 徐國晉
出 版 印 製 / 秀威資訊科技股份有限公司
　　　　　台北市內湖區瑞光路583巷25號1樓
　　　　　電話：02-2657-9211　　　傳真：02-2657-9106
　　　　　E-mail：service@showwe.com.tw
經 　 銷 　 商 / 紅螞蟻圖書有限公司
　　　　　台北市內湖區舊宗路二段121巷28、32號4樓
　　　　　電話：02-2795-3656　　　傳真：02-2795-4100
　　　　　http://www.e-redant.com

2004 年 11 月　BOD 一版
定價：320 元